Come diventare una Dea
Tre passi per essere divina

Simona Vitale

Indice

ISBN 978-1-4467-4449-9

Printing/Distribution provided by
Lulu Enterprises, Inc.
3131 RDU Center Dr., Ste. 210
Morrisville, NC 27560
USA
www.lulu.com
www.lulu.com/it

Sulla terra fertile e sui flutti del mare solcati da barche.

Tu rendi fecondi i germogli di ogni creatura animata,

Che si dibatte verso la luce e nata si rallegra del sole:

Quando ti avvicini, o Dea, allora fuggon veloci i venti del cielo,

Fuggono le nubi e, ai tuoi piedi, o amorevole modellatrice,

la terra stende fiori odorosi, ti sorridono i flutti marini

E un quieto nitore si diffonde nel cielo.

Poiché non appena apri le tue porte raggianti di primavera

E, libero dalla prigionia, spira il fecondo Ponente,

Primi annunciano, o Dea, gli abitanti dell'aere

Il tuo avvicinarsi, accesi nel cuore da magiche violenze.

Poi gli armenti percorrono selvaggi le praterie germoglianti

E attraversano l'impetuosa corrente: ognuno ti segue

Desideroso di sapere dove lo condurrai, vinto dalla tua leggiadria.

Infine risvegli nel mare, nei monti e negli impetuosi fiumi,

Nella riserva ricolma di uccelli e sui verdi campi,

Un tenero impulso amoroso nel cuore di ogni creatura

Così che bramano moltiplicarsi, generazione dopo generazione.

Poiché tu sola governi, o Dea, il timone dell'universo,

E senza di te nessuna creatura mortale viene alla luce,

Nessuna gioia al Mondo può nascere, nessun piacere,

Per questo ti chiamo in aiuto nel comporre i versi

Che mi avvio a scrivere in lode alla Natura.

*(Empedocle, **Inno a Venere**)*

Come diventare una Dea. Tre passi per essere divina di Simona Vitale

A tutte le donne che ho conosciuto
Senza le loro storie non avrei potuto scrivere la mia
Con immenso amore e gratitudine

Simona Vitale

Chi è la Dea

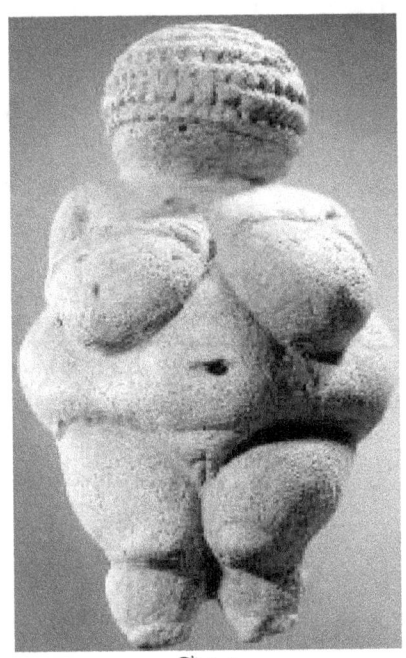

Fig. 1

Venere di Willendorf

Io sono colei che è
La Madre naturale di tutte le cose,
la signora e dominatrice di tutti gli elementi,
l'iniziale progenie del mondo,
la principale di tutte le potenze divine,
la regina di tutto ciò che esiste
Lucio Apuleio, L'Asino d'oro (II d. C.)

Ciao,

questo libro è stato scritto per te.

Se lo stai leggendo evidentemente sei curiosa di sapere come risvegliare in te il potere femmineo della Dea ed è precisamente ciò che andremo a fare nelle prossime pagine.

Un'operazione preliminare è scoprire chi è la Dea e quali significati vengono ad essa attribuiti.

C' è solo una differenza tra una donna comune ed una Dea: la seconda è consapevole di essere divina, la prima no.

Ogni donna è pertanto una Dea, ma non tutte riconoscono di esserlo.

Nell'immaginario comune ciascuno ha un'idea (anche se vaga) di quali caratteristiche possieda una Dea. Soggettivamente abbiamo costruito un'immagine personale della Dea e dei suoi attributi. Questa idea si è formata nel tempo attraverso il personale consumo di materiale mediale circa il concetto di Dea (libri sulla mitologia, film di epopea storica, elementi di spiritualità, racconti, miti, fiabe e storie tramandate).

A questo punto ti invito a domandarti:

Chi è la Dea per te?
Quali caratteristiche possiede?
Cosa la contraddistingue?

Prenditi il tempo per ragionare in merito a queste tre domande e, se vuoi, metti le risposte in forma scritta su di un quaderno.

Riflettere su quali stimoli culturali hanno influito sulla tua idea di divinità al femminile è un passo preliminare per lavorare sul senso di consapevolezza, che, come vedrai, è una delle tre chiavi per diventare una dea.

Vediamo ora un elenco possibile di caratteristiche che presumibilmente possono essere associate alla Dea:

- Carisma
- Fascino
- Bellezza
- Prosperità
- Creatività
- Saggezza
- Intelligenza
- Grazia
- Amorevolezza
- Senso di maternità
- Dolcezza

- Potenza
- Forza
- Intuito
- Magia
- Autorevolezza

Una Dea è tutto questo e molto altro ancora, Prendi familiarità con le caratteristiche che senti di voler sviluppare poiché magari percepisci carenti e poco alimentate in te.

Incomincia a cogliere il tuo personale modo di concepire la Dea e come intendi accorparla nel tuo modo di essere.

Un po' di storia

"Quasi tutte le culture antiche adoravano la Dea in una forma oppure in un'altra. Durante l'era paleolitica, dal 50.000 all'8.000 a.C. le persone adoravano la Dea come la madre di tutte le cose esistenti. Questi popoli, più di 35.000 mila anni fa, dipingevano immagini della Dea nelle caverne dove vivevano e costruivano delle statue per renderle omaggio[1]".

Prima dell'insediamento del pensiero patriarcale si riteneva che la Dea si fosse auto-creata (fenomeno che va sotto il nome di partenogenesi) e che da essa poi sarebbe scaturito il Tutto.

"In parecchi libri di storici della religione, mitologi e psicologi la Dea è stata descritta come la Grande Madre che dal proprio ventre dà vita a tutte le cose. Generalmente è raffigurata come le ben note *Veneri* paleolitiche e come le statuette dell'Europa neolitica e dell'Anatolia o dell'Età del Bronzo cretese[2]".

Naturalmente il termine "Veneri" per definire queste statuette è improprio poiché il mito di Venere verrà molto tempo dopo con la cultura greca.

---

[1] Catherine Wishart, *Giovani dee,* Macro Edizioni, 2004, pag. 15.
[2] Marija Gimbutas, *Il linguaggio della Dea*, Venexia Copyright, Roma, 2008, pag.XVI

Ritrovamenti di statue della Dea sono stati effettuati in tutta Europa, "dalle montagne dei Pirenei, in Francia, sino alle pianure della Siberia. La maggior parte di esse sono di piccola dimensione, raffiguranti donne nude e incinte, immagini della Dea nel suo aspetto di donatrice di vita[3]" (si veda la fig. 1, la Dea di Willendorf, rivenuta in Austria nel 1908 e risalente ad oltre 30.000 anni fa).

Molte di esse (come quella presente nella figura 1 e che costituisce uno dei reperti artistici più antichi del pianeta) sono rappresentate senza volto a riprova del fatto che la Dea è l'incarnazione del sacro femmineo, ovvero di tutte le donne.

La Dea concepisce se stessa come connessa al Tutto ed è per questo che vive armoniosamente,

Lasciati suggestionare dalle storie mitiche sulle Dee e scegline una con la quale senti affinità.

Molti sono i nomi della dea, molte sono le caratteristiche che le sono state attribuite, molti sono gli animali che ad essa si associano: il serpente, la civetta, il gatto (associato alla dea egizia Bastet), il cavallo (associato ad Epona), la scrofa (associata a Demetra), l'orso (associato ad Artemide), la farfalla, il

---

[3] Catherine Wishart, *Giovani dee*, Macro Edizioni, 2004, pag. 15.

pesce, il toro (quest'ultimo per via del fatto che il suo cranio e le corna ricordano la forma dell'utero).

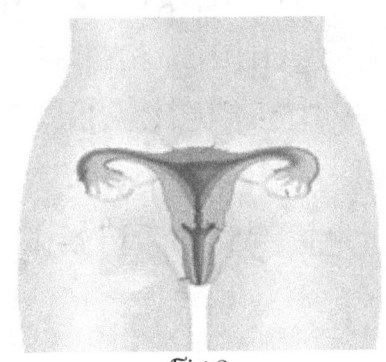

Fig.2

L'utero in tempi antichi è stato associato al bucranio (cranio e corna del toro)

Molte sono le storie in cui la Dea è rappresentata da o con un suo animale, simbolo di abbondanza, rigenerazione, morte e vita.

Secondo Propp: "Nelle storie mitiche la donna-dea "conserva il potere sugli animali e dal momento che l'intera vita del cacciatore dipende dall'animale, ella conserva il potere sulla vita e sulla morte dell'uomo[4]".

Di seguito troverai un elenco (ben fornito, ma incompleto poiché quasi impossibile contemplarle tutte) di alcune Dee.
Informati sulla loro storia e fai conoscenza con esse.

---

[4] Vladimir J, Propp, *Morfologia della fiaba. Le radici storiche dei racconti di magia*, Ed. Grandi Tascabili Economici Newton, 2006, pag. 197.

Aditi: dea indù della saggezza suprema e della perfezione del cosmo

Amaterasu: dea giapponese del sole

Arianrhod: dea gallese e signora del karma

Afrodite/Venere: dea greco-romana dell'amore e della bellezza

Aine: dea irlandese della stabilità e della sicurezza

Anahita: dea persiana della purificazione e della riflessione

Astarte dea orientale dell'intelligenza e del fascino

Ate: dea greca della follia e della sventura

Athena, dea greco-romana dell'ingegno, dell'intelletto, delle abilità in battaglia

Bastet: dea egizia della fertilità

Bellona: dea italica della guerra

Ben Saiten: dea giapponese della prosperità

Blodewedd: dea del Galles della vanità

Brigit: dea celtica della guarigione e dell'ispirazione

Cerere/Demetra, dea greco-romana della maternità, dei campi e dell'agricoltura

Ceridwen: dea gallese del giudizio e della verità

Chang ~O: dea cinese della solitudine

Damona: dea celtica della salute

Diana: dea italica della caccia

Ecate: dea greca dei misteri

: dea greca dell'aurora

Epona: dea greca protettrice dei cavalli

Era/Giunone: dea greco-romana patrona delle nascite

Estsanatlehi: dea navaho dell'evoluzione

Fidea: dea romana dei patti e delle alleanze

Flora: dea romana della fioritura

: dea romana della buona sorte

Freya: dea della mitologia nordica dell'aria

Frigg: dea scandinava dell'attesa, del sacrificio e della conoscenza

Gabijà: dea baltica del fuoco.

Gea: dea greca creatrice della Madre Terra

Grania: dea celtica del sole

Hina: dea Maori delle malinconie e dei ricordi nostalgici

Huesuda: dea messicana della morte

Inanna: dea sumera del possesso

: dea greca messaggera degli dei

Ishtar: dea assira della fiducia in se stessi

Iside, dea egizia di tutte le dee

Kalì: dea indiana della morte e della distruzione

Kuan Yin: dea indiana della compassione

Laima: Dea lettone del Fato.

Lakshmi: dea indiana della ricchezza materiale e spirituale

La Llorona: dea del sud-ovest americano della sofferenza

: dea cinese della stravaganza e della spensieratezza

Latona: dea romana dell'esilio

Lilith: dea sumera della perversione

Maat: dea egizia della giustizia e dell'ordine

Mahuika: dea della Nuova Zelanda del fuoco

Maya: dea indù dell'apparenza

Morrigan: dea celtica della guerra

Nehalennia: dea celtica protettrice dei naviganti

: dea greca della vittoria e del successo

Nugua: dea cinese creatrice dell'umanità

Oya: dea africana del vento, delle tempeste e del rinnovamento

Pele: dea hawaiana dei vulcani e della forza esplosiva

Persefone: dea greca dell'oltretomba

Psiche: dea greca dell'amore romantico

Rosmerta: dea celtica dell'abbondanza

Saraswati: dea indiana della sapienza, delle arti e delle scienze

Selene: dea greca della Luna, delle emozioni e delle maree

Scathach: dea celtica del potere e della forza fisica

Sif: dea scandinava delle donne umiliate e tradite

Vesta: dea greca della famiglia e del focolare domestico

Zolotàya-Baba: dea slava del mare.

Se fossi una Dea, come ti immagineresti?

Cosa faresti ogni giorno?

Quali pensieri e quali emozioni ti attraverserebbero?

Queste domande richiedono uno sforzo immaginativo notevole per chi non è avvezzo a lasciar parlare la parte intuitiva ed emozionale della propria persona.

Ma essere una Dea significa anche non temere di abbracciare la dimensione emotiva ed irrazionale della femminilità, più volte messa a tacere nel corso dei secoli dal pensiero fallocratico.

Ciò che andremo a recuperare sarà appunto la voce azzittita nel tempo del pensiero ginoide e concavo.

Pensare Ginoide

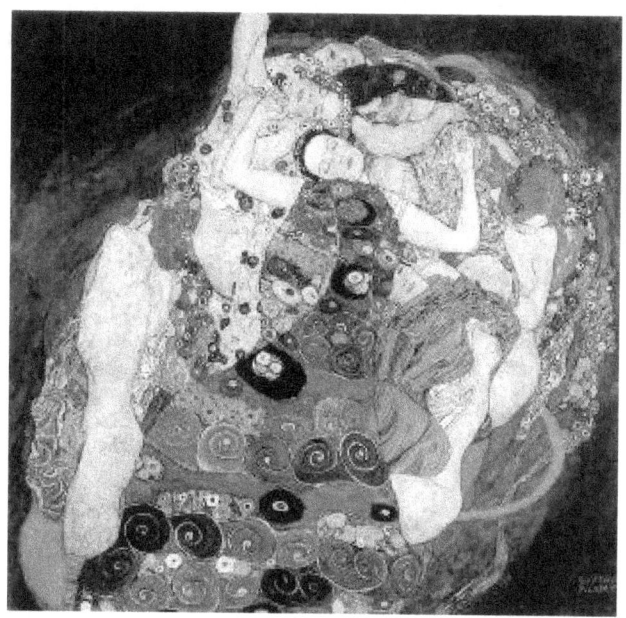

Fig. 3

The Maiden, Gustav Klimt

Il cielo comprende yin e yang,
freddo e caldo,
il susseguirsi delle stagioni.
Seguirlo o opporvisi determina la vittoria militare
Sun Tzu, L'arte della Guerra

Prima di addentrarci nella storia omessa delle donne dal predominio del pensiero fallocratico va fatta una premessa necessaria: la strada per raggiungere l'armonia è integrare entrambi i modi di pensare (al maschile ed al femminile) nell'esistenza e lasciare che abbiano un rapporto dialettico costante, un confronto continuo senza lotta per la supremazia e l'imposizione dell'uno o dell'altro contendente.

Una cultura che non riconosce a pieno titolo la natura della polarità femminile è monca. Il pensare androide infatti non è fallace, ma incompleto.

Per "pensiero ginoide" intendo il pensare/sentire al femminile. Ci serviamo di questa concettualizzazione solo per contraddistinguerlo dal pensiero androide ovvero il pensare/agire al maschile.

Naturalmente come tutte le concettualizzazioni queste categorie sono artifici teorici e servono per semplificare la spiegazione della realtà che, di fatto, è sempre più complessa e magmatica di ciò che appare.

Nonostante i due pensieri siano concetti astratti è possibile rintracciare un modo di pensare/sentire al femminile ed un modo di pensare/agire al maschile.

Chiaramente troveremo in una stessa persona elementi del pensare al maschile ed al femminile, frutto del corredo biologico e culturale di ciascuno.

Pertanto i due concetti vanno presi semplicemente come categorie idealtipiche[5].

---

[5] L'idealtipo è un termine coniato dal sociologo Max Weber nella seconda metà dell'Ottocento e sta ad indicare una costruzione teorica di tipo o modello ideale.

Il Pensiero Ginoide	Il Pensiero Androide
Ciclico	Lineare
Irrazionale	Razionale
Emotivo	Mentale
Arrotondato	Spigoloso
Lunare	Solare
Notturno	Diurno
Nascosto	Manifesto

Come si sa, le culture antiche riportano una struttura sociale matrilineare ed il culto proto-religioso prevedeva una deità al femminile.

Ne sono testimonianza i ritrovamenti archeologici di statuette ed altri oggetti di era pre-moderna che richiamano il culto della Dea.

Poi è avvenuto ciò che negli studi antropologici sul genere può essere definito "lo smembramento della Dea".

"L'atto dello smembramento è sempre attribuito a un dio maschio che in ogni cultura ha preso il posto della Dea. In India Indra uccise la Dea e ne disperse le parti del corpo per tutta la campagna, esse divennero santuario dove ancora oggi è venerata. In Babilonia l'eroe Gilgamesh uccise la dea oscura Tiamat e ne sparpagliò le membra per creare un nuovo Mondo.

In Messico, il dio della guerra Huitzilipotli uccise sua sorella dea della Luna Coyolxauhqui e ne gettò il corpo fatto a pezzi dalla cima di una montagna per dimostrare la sua vittoria su di lei[6]".

Da quel momento il potere femmineo fu amputato ed un'ondata persecutoria atta a ridimensionare la voce delle donne condusse alla diffusione di una nuova forma - pensiero.

Il Dio fu maschio e le specificità femminee furono controllate, indirizzate, represse.

La nuova forma - pensiero ha portato a delle vere e proprie pratiche di "ginecidio" dove la messa a morte di 9 milioni di donne tacciate come streghe è solo la parte manifesta di un processo di azzittimento lento, continuo e secolare.

La cospirazione contro il potere femmineo ha altresì provocato un oblio collettivo a proposito delle persecuzioni che le donne hanno subito e continuano a subire per via dell'imposizione del pensiero fallocratico.

La sottrazione dei diritti civili, politici e decisionali è del resto una forma meno barbara, ma altrettanto

---

[6] Vicki Noble, *Il risveglio della Dea*, Tea Edizioni, Milano 2010, pag.11.

mortificante di questa forma - pensiero che vuole la donna espropriata della sua dignità.

Una sorta di dimenticanza collettiva fa perdere le tracce delle mortificazioni al femminile.

Mentre rievochiamo i fatti storici che hanno dato luogo ai genocidi e alle persecuzioni etniche e religiose, il tema della condanna di genere è perlopiù omesso o relegato in uno spazio di *politically correct* che sembra perlopiù fornire un "contentino" piuttosto che una ri-acquisizione della dignità perduta.

Poco importa se alle donne nei paesi cosiddetti civili vengono destinate "quote rosa" ed un giorno di inizio marzo per dare luogo a festeggiamenti in loro onore.

Ancora si registrano a centinaia di migliaia casi più o meno gravi nei quali alle donne il diritto della propria specificità di genere è negato.

Vengono sfigurate qualora rifiutino una proposta sessuale, oppure violentate.

Costrette ad apparire.

Valutate come oggetti da esposizione.

Condannate ad una ricerca affannosa ed inutile verso obiettivi di bellezza omogenei e standardizzati.

Indotte inconsciamente a chiedere l'approvazione di padri, mariti, compagni su scelte di vita e temi personali.

Infibulate, represse, mortificate, isterizzate, messe a tacere, le donne di oggi non godono di uno status dignitario che meritano.

La dimenticanza di massa sui temi della mancata emancipazione femminile è il risultato di questa forma-pensiero.

La dimostrazione che la forma fallocratica di pensiero dominante è salda ed ancora vigente risiede nell'evidente fatto che colei che discute in merito alle odierne manchevolezze di dignità conferita alle donne, viene definita banalmente "femminista".
Il termine nel linguaggio comune fa erroneamente riferimento ad una causa per la supremazia del pensiero femminile e non per una sua legittima e mai avvenuta integrazione.

Ti sembra che l'idea di un complotto teso ai danni del potere femmineo sia un'idea troppo forte?

Se sì, evidentemente l'impalcatura teorica del pensiero fallocratico regge bene ai contraccolpi.

Ad ogni modo ci andremo ad occupare di un tema considerato tabù a riprova del fatto che ancora molto c'è da compiere in termini di uguaglianza di genere: il ciclo mestruale.

Flussi magici

Fig. 4

Venere di Laussel, 25.00 a.C

Che effetto ti fa pensare al tuo sangue mestruale?
Provi un senso di ribrezzo verso di esso?
Ti sembra normale ritenere che sia "schifoso"?

Beh, non è sempre stato così.

C'era un tempo in cui la fase mestruale veniva considerata sacra e vissuta all'unisono dalle donne.

C'era un tempo in cui il flusso mestruale veniva riconosciuto come detentore di un'altissima carica vibrazionale, liquido magico tenuto in grande considerazione.

Nelle culture antiche le donne vivevano assieme l'esperienza mestruale, non perché relegate lontano dagli uomini e ritenute intrattabili in "quei giorni", ma perché l'evento costituiva un rito rispettato ed inviolabile,

Era inoltre possibile condividere l'esperienza con tutte le altre poiché il ciclo mestruale si sincronizzava in uno stesso gruppo di donne.

Ancora oggi ti sarà capitato di osservare una singolare sincronicità tra l'avvento del primo giorno di mestruazioni in un mese e quello di una donna a te prossima in termini di vicinanza spaziale o psicologica.

Nelle culture antiche il sangue mestruale era utilizzato come fertilizzante e/o per dipingere statuette per invocare il concepimento.

Il periodo mestruale pertanto aveva un grande valore e nessuno si sarebbe sognato di denigrarlo.

Contrariamente da allora in cui il periodo mestruale era pienamente vissuto, oggi appare come di intralcio per lo svolgersi delle normali attività quotidiane.

Nella cultura postmoderna si invita implicitamente la donna a sbarazzarsi il più velocemente possibile di quest'*ospite fastidioso* e di tutto ciò che comporta.

Si vivono esperienze di vero e proprio occultamento della presenza dell'*ospite fastidioso*.

L'assorbente deve essere il più possibile invisibile, i sintomi fisici devono scomparire con l'ausilio di un antidolorifico, il cambiamento psicologico deve essere tenuto a bada e disciplinato.

Parlarne in pubblico è rigorosamente tabù.

E soprattutto, mai e poi mai deve esserci traccia, macchia[7] o alone che attesti la presenza del flusso mestruale.

Questa pratica di occultamento e di vergogna ingiustificata rende le donne "ontologicamente impure". Questo senso di inadeguatezza è divenuto parte della cultura che non ha integrato e riconosciuto a pieno titolo il femminino.

---

[7] In senso figurato la "macchia" è associata all'onta, ad una colpa mai commessa se non di appartenenza ad un genere.

Probabilmente l'idea di associare il sangue mestruale con ciò che è impuro trova la sua massima espressione nella concezione di papa Innocenzo III (1160-1216), il quale, nel suo *De contemptu mundu* parlando dell'uomo afferma:

"... *sanguine menstruo nutritus, qui fertus esse tam detestabilis et immundus, ut ex eius contactu fruges non germinent arescant arbusta...*[8]"(nutrito dal sangue mestruale, di cui si dice che sia così ripugnante e immondo che, quando vengono a contatto con essi, le messi cessano di germogliare, i frutteti si inaridiscono e i cani se ne mangiano diventano idrofobi).

Molte sono le dicerie secondo cui il sangue mestruale è fonte di essiccazione e portatore di disagi.

James Frazer ricorda: "i contadini del Libano credono che le donne mestruale siano causa di molte sciagure; la loro ombra fa languire i fiori e morire gli alberi e arresta persino il movimento dei serpenti; se una di esse monta a cavallo l'animale potrebbe morire o almeno diventare inservibile per molto tempo.

---

[8] Citato in Erich Neumann, Karl Kerenyi, Daisetz T. Suzuki, Giuseppe Tucci, *La Terra. Madre e Dea. Sacralità della natura che ci fa vivere,* Ed. Red, 1989, pag. 24.

I Guayquiri del'Orinco credono che quando una donna ha il flusso ogni cosa su cui mette piede morirà[9]".

Naturalmente queste leggende non hanno alcun fondamento scientifico e pertanto non sono vere. Tali credenze sono nate in seno alla cultura patriarcale e, per quanto false, sono dure da smantellare poiché tramandate oralmente da generazione a generazione.

L'irascibilità scatenata dalla sindrome premestruale è in realtà la reazione alla repressione del potere femmineo diretto e governato dall'esterno.

La repressione della forza impetuosa femminea (laddove non riconosciuta) genera frustrazione e dà luogo ad impulsi irascibili ed aggressivi.

La natura negata ed imprigionata non riesce ad essere contenuta "in quei giorni" ed esplode in manifestazioni rabbiose, comportamenti antisociali o depressivi.

La non accettazione sociale della natura femminile fa ricadere sulle donne uno stigma negativo con il quale fare i conti e che le reputa inconsciamente indegne di sedere al tavolo delle decisioni o di entrare nella sala dei comandi.

---

[9] James George Frazer, *Il ramo d'oro. Studio sulla magia e la religione*, Vol. II, Ed. Boringhieri, 1978, pag. 933.

La prossima volta che senti emergere con spinta interiore la voce della Dea-Madre-Megera non respingerla. Sii lei. Non trattenerla, Interpretala.
Non chiudere il becco.
E se percepirai che il tuo comportamento potrebbe essere definito "selvaggio" e poco civilizzato, rallegrati perché hai fatto venire alla luce una parte di te che merita di essere espressa al pari di tutte le altre.

Hai fatto emergere il diritto di assecondare la tua natura invece che soffocarla.

Suggerisce Vicki Noble: "la prossima volta che vi sentirete irritabili e siete vicine al periodo mestruale, provate a lasciare spazio per esprimersi alla strega che è in voi[10]".

Nessuno ti ha mai concesso pienamente questo diritto, vero?
Come ci si sente a sentirsi legittimate per la prima volta ad essere totalmente selvagge e libere?

---

[10] Ibidem, pagg. 41-42

L'altra faccia della Dea

Fig. 5

Beethoven Frieze – dettaglio, Gustav Klimt

Avvicinati a me amata Signora, Selene dai tre volti,
E ascolta con benevolenza i miei inni magici
Ornamento della notte, nuova, luce dei mortali
Nata in principio
Assisa su tori dal guardo selvaggio, regina
Che percorri lo stesso cammino di Elio sul suo cocchio
Che danzi nelle figure delle tre Cariti
Che sciami con le costellazioni, Dike e tessuto dalle Moire
Clotho, Lachesi e Atropo, tu sei dalle tre teste
Orazione a Selene, preghiera innica

Nell'immaginario comune la Dea è dolce, carina, benevola, ma questo è solo un volto della divinità al femminile.

La cultura patriarcale ha epurato dall'immagine della dea altri attributi: quali la forza, l'autorevolezza e la carica distruttrice.

Questi elementi mal si conciliavano con l'idea di una donna debole, addomesticata e bisognosa dell'approvazione sociale della comunità di appartenenza.

In tal modo l'archetipo della Dea è stato spogliato della sua parte incontrollabile e posto come modello innocuo.

Eppure ancestralmente la Dea, che prima dell'avvento delle Sacre Scritture aveva caratteristiche sia Yin che Yang è incompleta se presentata solo come devota, amorevole e paziente.

La Dea, in quanto archetipo del sacro femmineo, è collegata al principio della ciclicità Vita/Morte/Vita.

Ciò significa che la Dea ha a che fare tanto con il principio della creazione quanto con quello della distruzione.

Prendiamo ad esempio la storia di Demetra, la dea greca del grano. "Costei è una figura dall'aspetto duplice e variabile, è la dea della fecondità, assiste le donne partorienti e presiede alla crescita del grano; ma dopo aver perduto sua figlia, diventa una divinità della vendetta e del dolore. Demetra passa così da un aspetto all'altro, secondo la qualità della relazione con la figlia[11]".

Non è un caso che molte figure divine vengano associate ad una forma doppia o triplice.

Ad esempio Brigit, Ecate e Diana hanno tre aspetti.

Tre sono le dee della notte, chiamate Nykti nella mitologia greca.

Anche nelle leggende nordiche è presente la triplice dea con la figura della Triglia un'immagine mitica femminile che ha tre teste, adorata dagli antichi abitanti della Lusàzia (in tedesco, Làusitz), antico margraviato posto tra l'Elba, l'Oder, la Boemia e il Brandeburgo. Correlato al mito della dea triplice c'è l'immagine della "tripla sorgente" costituita da tre spirali adiacenti e presente nelle culture dove si celebrava il culto del sacro femmineo.

---

[11] Marie-Louise von Franz, *Il femminile nella fiaba*, Universale Bollari Boringhieri, 2009, pag. 28

Fig.6

La Triplice Spirale

"Questa tradizione è assidua durante tutta la preistoria e la storia, discendendo fino alle Moire Greche, alle triple Mātres o Matrone romane, alle germaniche Norne, alla tripla Brigit irlandese, alle tre sorelle Morrígan e alla triade Macha, alla Sudičky o Roženicy slava[12]".

Si pensi infatti a come le tre Parche Greche (filatrici del destino) siano direttamente collegate con il principio Vita/Morte/Vita.

Oppure si pensi alle figure mitiche della tradizione sarda. Le Janas[13] nella cultura sarda sono dee sia benevoli che malevoli, fate ed al contempo streghe.

---

[12] Marija Gimbutas, *Il linguaggio della Dea*, Ed Venexia, 2008, pag. 97
[13] La radice etimologica probabilmente fa riferimento alla figura mitica del Giano Bifronte, così come le streghe beneventane dette Janare.

Sempre la cultura sarda ci riporta il mito delle accabbadora, delle donne realmente esistenti che avevano lo scopo di far nascere in casa i bambini assistendo le partorienti e, nello stesso tempo, avevano il ruolo di togliere la vita a coloro i cui cari imploravano di far tacere il dolore nell'ammalato.

Le accabadora levatrici e addette all'eutanasia domestica sono un ottimo esempio di come il concetto di Vita/Morte/Vita sia associato al femmineo.

Si pensi ancora alla Dea Kalì e alla sua storia di divinità rivestita dal ruolo autorevole di far cessare una vita.

La donna-dea pertanto crea, ma è capace anche di distruggere, recidere, farla finita con concetti, persone, luoghi, situazioni poiché ha innestato nella sua natura il principio della ciclicità:

Senza morte non può esserci vita, senza vita non può esserci morte

Come ha giustamente detto l'analista junghiana Clarissa Pinkola Estés: "La Morte non è una malattia, ma una divinità[14]", sebbene nella cultura postmoderna

---

[14] Clarissa Pinkola Estés, *Donne che corrono coi lupi*, Frassinelli Editore, 2009, pag. 122.

sia vista come un tabù, non bisogna temerla perché essa è parte della vita.

Le stagioni si alternano e dalla vita/morte/rinascita il flusso dell'esistenza prosegue nel movimento, nella ciclicità.

Una donna che ha deciso di recuperare il potere femmineo non può non tenere a mente questo principio ed incorporarlo.

La forza distruttiva e dirompente nelle donne somiglia alla forza della Natura quando fa pulizia con tormente, terremoti ed esplosioni.

Il principio di Morte nelle donne si attua ogni qual volta pongono fine ad una relazione, ad una dipendenza, buttano oggetti in disuso, si disfano insomma di tutto ciò che richiama un senso di stantio e di blocco.

E' una forza rigenerante e vivificante ed, anche se i suoi effetti appaiono al momento nocivi, in realtà permettono il proseguire della vita che è sana qualora è in movimento.
Non si dovrebbe pertanto temere la forza distruttiva del potere femmineo poiché è l'altro dono che le appartiene.

Dare la vita e recidere gli aspetti dell'esistenza che appaiono logori e tramortiti sono due facce della stessa medaglia.

Familiarizzare con uno solo dei due aspetti provoca disequilibrio e assicurata infelicità.

I tre aspetti della Dea si relazionano alle tre principali fasi Lunari ed alla triplice natura del femmineo:

"La Luna Nuova è la Dea bianca della nascita e della crescita, la Luna Piena la dea rossa dell'amore e della battaglia, la Luna Vecchia la dea nera della morte e della divinazione[15]".

Fig. 7

Simbolo della Dea Triplice

---

[15] Robert Graves, *La Dea Bianca*, Ed Adelphi, 2009, pag. 81.

Luna Nascente:

Rappresenta l'inizio, la nascita, lo sviluppo futuro, l'incanto, la giovane pura, apportatrice di luce.

Luna Piena:

Rappresenta la creatività, la fertilità, la misericordia, la madre, generatrice della vita, compassionevole e disponibile.

Luna Calante:

Rappresenta la Vecchia, la megera, la strega, e' collegata con la saggezza e con il principio di morte.

La dea impersona tutti e tre gli aspetti che si rifanno sia alle tre fasi di vita di una donna, sia ai tre modi di impersonare la deità al femminile.

Il prevalere di uno di questi aspetti o la messa a tacere di uno di essi provoca disarmonia e conflitti interiori.

In numero trino si presentano diverse figure come le Norne, divinità nordiche oppure le tre Grazie e le tre Ore della mitologia greca.

Nell'Induismo Lakshmi, Saraswati e Kalì si presentano come le tre facce della Dea che richiamano i concetti appunto di nascita-creazione-morte.

Persino nella cultura cristiana ritroviamo elementi della Dea triplice. Si pensi ad esempio all'iconografia delle tre Marie unificate dai Copti (forse in riferimento alle tre testimoni della crocifissione: Maria, la madre di Gesù Cristo, Maria di Magdala e Maria Maddalena).

"Queste madri Vita/Morte/Vita insegnano alle donne la sensibilità a quanto deve morire o deve vivere, a quanto deve essere cardato e a quanto deve essere tessuto[16]".

Siamo Luna crescente quando seduciamo, incantiamo, affasciniamo, progettiamo, giochiamo (Afrodite).

Siamo Luna Piena quando diamo forma alle nostre idee, creiamo, ci prendiamo cura di qualcosa o di qualcuno (Demetra).

---

[16] Clarissa Pinkola Estés, *Donne che corrono coi lupi*, Frassinelli Editore, 2009, pag. 81.

Siamo Luna Crescente: quando purifichiamo, tagliamo i rami secchi, potiamo, decidiamo, recidiamo, diciamo di no (Kalì).

La prima è una promessa, un fiore, è l'ovulo che potrà essere fecondato oppure no.

La seconda è il frutto. E' creazione, è germogliare della vita.

La terza è la mestruazione, l'essiccazione della vita dalla quale ne nascerà un'altra. E' riposo.

Accettare, riconoscere ed interpretare la fanciulla, la madre e la strega è un passo obbligatorio per riappropriarsi del potere femmineo.

Come diventare una Dea

A questo punto, dopo averti chiesto come immagini che sia una Dea, quali attributi essa possiede secondo te e quali sono stati gli stimoli culturali che hanno forgiato l'idea di divinità al femminile, devo porti un'ultima domanda:

Perché vuoi diventare una Dea?

Queste domande non sono affatto retoriche e servono ad approcciare con lo stato di chiarezza degli intenti, un elemento indispensabile per sviluppare l'autorità interiore.

Vediamo ora alcune possibili risposte:

- perché voglio diventare più bella
- perché voglio essere ammirata
- perché voglio essere venerata
- perché voglio che gli altri mi rispettino di più
- perché voglio incrementare l'autostima e la fiducia nelle mie capacità

- perché voglio diventare più saggia
- perché voglio osare di più
- perché voglio essere più forte
- perché voglio sviluppare nuove capacità

Per realizzare ogni singolo obbiettivo possiamo intraprendere molte strade, ma una conduce al raggiungimento di tutte queste mete assieme: il coraggio di essere ciò che siamo.

Il punto è che non possiamo essere ciò che vogliamo essere se non sappiamo cosa vogliamo essere (mi si perdoni il gioco di parole).

La chiarezza dei propri obiettivi gioca un ruolo formidabile nella strada verso la soddisfazione personale.

Pertanto andrebbe stilata un'onesta mappa degli obiettivi da raggiungere.

La gente è frustrata perché spesso non sa cosa vuole. Vuole A e vuole B, quando A e B sono autoescludentesi e ciò provoca enorme disagio interiore.

Fare pulizia mentale, scartare le scelte, decidere, è un passo obbligato verso ciò che realmente vuole il nostro cuore.

Una volta scelta la meta (o le mete) ci si confronta con le paure. Molte paure non sono altro che il timore del giudizio altrui (*Cosa penseranno di me se facessi quella scelta? Che figura farei se optassi per tale cosa? Come la prenderebbero gli altri se decidessi di fare...*)

L'immobilismo della protratta indecisione alla lunga produce stati di malessere diffuso.

Per scegliere legittimamente bisogna abbandonare la paura di essere e di subire disapprovazione sociale.

Come abbiamo visto, le regole di rispettabilità sociale sono state scritte dal regime fallocratico e la sua pretesa di verità universale è fasulla e come tale può essere messa in discussione.

Le prime armi di battaglia rintracciate ad oggi risalgono a dopo l'era della de-tronizzazione della Dea.

I primi ritrovamenti archeologici di lance ed altri strumenti per lo scontro violento risalgono al periodo in cui si diffuse la stratificazione sociale e l'idea di una divinità prettamente al maschile.

Nel Neolitico e nel Paleolitico la società matrilineare era armoniosa e priva di guerre. Alle donne venivano conferite cariche gestionali, organizzative e religiose. Erano capotribù e sacerdotesse . Si viveva in armonia con la Natura e ci si percepiva come parte di un Tutto organico.

Pian piano alle donne è stato sottratto il potere di poter officiare e decidere. Alcune pratiche religiose furono addirittura per un periodo di transizione celebrate dagli uomini travestiti da donne.

All'offerta del sangue mestruale alla Terra si sostituirono sacrifici di animali ed umani.

Poi si diffuse l'idea della donna tentatrice e causa di tutti i mali. Fu relegata in casa e tenuta sotto controllo. Il *Malleus Maleficarum* sancì definitivamente l'equiparazione donna uguale male. E così nei secoli tra roghi, stupri, mortificazioni, negazione della parità dei sessi, delitti di onore e mercificazioni del corpo femminile, le donne hanno eroso il senso di autorità interiore.

Non c'è da stupirsi allora se ancora oggi le donne cerchino costantemente l'approvazione sociale e la legittimazione delle proprie scelte all'esterno.

L'autorità interiore è stata demolita nel tempo da stereotipi e rappresentazioni sociali che hanno deturpato l'immagine della donna ed hanno mortificato l'espressione piena delle sue capacità.

L'aspetto peggiore è che ad aver interiorizzato questo modello di inconscia e mancata equità di abilità sono anche (e in alcuni casi soprattutto) le donne.

Sono loro che tacciono davanti alle molestie sessuali, alle derisioni di massa, alla messa in vendita dei corpi, all'etichette sociali che le bolla come "pazze" in quei giorni, alle disuguaglianze nei salari etc..

Come fare allora per creare un massa critica sufficientemente ampia per scardinare i meccanismi di repressione del potere femmineo e giocare sul piano dell'autentica parità?

Facendo pace.

Fare pace

Fare pace con chi e con che cosa?

Con te stessa e con il tuo modo di essere. Accettandoti in ogni singola parte che compone lo spettro della tua personalità. Accogliendo l'eccentrico ed i lati bui.
Intessendo il miglior rapporto possibile con te stessa.
Amandoti e rispettando ogni tua scelta.
Provando un profondo e reverenziale rispetto per la tua essenza.
Trattando con devozione il tuo corpo.
Facendo venire a galla ogni aspetto della tua persona, prendendone confidenza. Amando la ricchezza e la varietà della tua essenza.
Provando ammirazione per i tuoi talenti e per il coraggio mostrato nell'affrontare le sfide dell'esistenza.
Congratulandoti per il lavoro svolto finora, per l'impegno profuso oggi, per ciò che farai domani.
Innamorandoti di te per la tua bellezza interiore ed esteriore.
Consolidando la certezza che sei un essere prezioso, meritevole di ogni bene.
Costruendo un'immagine di te stessa, forte, salda, degna di una vita completa.
Riversando i tuoi talenti nel Mondo ed esteriorizzando le tue passioni.

Facendo pace con il tuo intuito e con la forza propria del sacro femmineo.

Confidando nel tuo istinto e nelle tue infinite risorse interiori.

Facendo pace con le altre donne. Stringendo con esse alleanze. Apprezzandole per come svolgono i molteplici ruoli che le sono affidati.

Ammirandone la tenacia e la grazia. Riunendoti con queste e creando insieme una forma-pensiero di uguaglianza e di pace.

Confidandoti in esse e fidandoti del loro aiuto.

Costruendo con queste legami di reciproca e sincera solidarietà. Facendo rete di scambio e confronto su tematiche di qualsiasi tipo.

Riconoscendo a queste il valore delle proprie azioni.

Promuovendo con loro nuovi modelli sociali fondati sull'armonia e la diversità.

Abbracciandole, benedicendole e riconoscendo in esse il medesimo divino che in te dimora.

Facendo pace con la Natura. Recuperando l'antico rapporto con la terra e la ciclicità lunare. Trascorrendo più tempo nel verde, nei pressi di laghi,boschi, mari, ruscelli, piante e tutto quanto è parte del creato.

Osservando con attenzione le meraviglie naturali. Innaffiando la terra, coccolando animali, accudendo piccoli esseri umani. Prestando ascolto ai suoni della natura, sospendendo il giudizio. Raccogliendoti e ristorandoti nel silenzio interiore. Amando la terra. Vivendola e apprendendo da essa la nostra essenza. Prestando attenzione alle sensazioni fisiche che esperiamo. Benedicendo tutto quanto la vista, l'olfatto, il tatto, l'udito e il gusto ci fanno pervenire.

Facendo pace con gli uomini. Comprendendoli, amandoli, ascoltandoli. Rispettando le loro differenze biologiche e culturali. Mettendo in conto le loro esigenze. Sostenendoli. Danzando con loro il ballo degli opposti.
Cingendo amicizie, amori, rapporti di fraterno aiuto. Comunicando, giocando, crescendo insieme. Perdonandoli. Gettando un ponte di pace tra i sessi. Accordando loro i meriti che gli spettano. Ripagando la loro fiducia con la fedeltà. Trattandoli con equità e senso di giustizia. Evolvendo insieme per una società egualitaria.
Benedicendo le loro vite e riconoscendo il divino che alberga nei loro cuori.

Fare pace significa liberare le energie soffocate. Significa anche affrontare le situazioni ombrose con coraggio. Fare luce e chiarezza su tutte le situazioni che non vogliamo vedere. Vuol dire anche non rimandare conti in sospeso. Non sotterrare la verità. Vivere la vita con autenticità senza raccontarci bugie. Vuol dire fronteggiare le paure e, in alcuni casi, guardare il diavolo negli occhi.

Vivere nella verità è un atto di grande coraggio e comporta sempre un premio: la pace interiore.

Affrontare ciò che non vogliamo affrontare non è missione facile, ma possibile per tutti.

Quando ogni questione sarà stata fronteggiata e non rimossa avremo debellato la paura.

La paura del resto è sempre rivolta allo sconosciuto, una volta esso è stato reso noto, non resta più alcun timore.

Dopo aver guardato il diavolo negli occhi ed aver superato ogni paura, siamo diventate delle dee?

Quasi. Per il momento siamo delle semi-dee.
Altre tre chiavi vanno possedute per l'incoronazione di Dea:

1) La consapevolezza
2) La creatività
3) L'autorità interiore

La consapevolezza

Gli effetti benefici dello sviluppo della consapevolezza sono: autocontrollo, autostima, maggiore concentrazione, incremento della produttività, stato d'animo più quieto, predisposizione positiva agli eventi.

Una dea è consapevole del suo valore e nutre un profondo rispetto per la sua persona. Non si lascerebbe mai andare in auto denigrazioni. Tratta bene se stessa ed il Mondo che la circonda.

E' conscia della sua unicità e della preziosità di ogni cosa.
Sceglie con cura e saggiamente i suoi pensieri.
Sceglie con cura e saggiamente il cibo che la nutrirà.
Sceglie con cura e saggiamente le persone con cui si intratterrà.
Sceglie con cura e saggiamente le parole che pronuncerà.
Vive in uno stato di perfetta centratura.

Conosce i suoi stati d'animo e sa viverli con passione e con distacco.
E' attenta a ciò che la circonda quanto al suo stato interiore.
E' lucida in ogni occasione.

Come raggiungere questo stato di perfetto equilibrio? Essendo presente.

La pratica del vivere qui ed ora comune allo stato meditativo e propria del pensiero Zen è un ottimo aiuto per sviluppare la consapevolezza.

Significa essere concentrati interamente in ciò che stiamo facendo. Azzittire il chiacchiericcio interiore (o perlomeno abbassarne il volume).

Significa prestare attenzione al Mondo circostante, senza giudicarlo.

Questa pratica è rigenerante perché permette di far tacere la criticità interiore ed osservare la realtà con maggiore distacco.

In tale stato le scelte appaiono più lucide ed in sintonia con il proprio essere.

Concretamente essere presente può tradursi nel fare una sola cosa per volta, nell'essere immersi all'esistenza con viva partecipazione sensoriale.

Ciò vuol dire non rifugiarsi in un altrove inconsistente di perenne e stancante dialogo interiore.

Le esercitazioni pratiche per il risveglio della consapevolezza sono tante.

Si potrebbe iniziare ad ascoltare con più attenzione il nostro interlocutore senza fremere per quando la turnazione del dialogo tornerà a noi. Regalando al mittente una partecipazione vivida ed integrale.

Si potrebbe inoltre prendere confidenza con gli effetti procurati dai messaggi sensoriali. Allenarsi cioè a sentire il corpo. Individuare il dolore e le sensazioni piacevoli. Provare ad isolare le risposte del corpo agli stimoli esterni.

(*Di che temperatura è l'acqua che sto bevendo? Che sensazione mi provoca il camminare sulla terra umida? Mi piace l'odore che sento in questo momento? Cosa ho davanti a me? Ricordo il fragore della risata di mio figlio?*).

Si potrebbe ancora scegliere con cautela la nostra dieta mediatica costituita dalla visione di film, ascolto di musica, letture, intrattenimento virtuale etc.

Facendo ciò si presta attenzione a quali effetti sortisce l'uso di certe pratiche quotidiane.

Da tale esamina si potrebbe ad esempio scoprire che si è portati ad intrattenere lunghe conversazioni telefoniche che prosciugano energeticamente oppure che l'uso prolungato di un certo tipo di musica induce stati di tristezza o di aggressività.

Si potrebbe inoltre individuare con chiarezza chi e cosa ci fa star bene ed optare per una dilatazione degli spazi rivolti a pratiche salubri a discapito di quelle attività che procurano viceversa stati di malessere diffuso.

All'inizio potrà sembrare faticosa la prassi di fermarsi a riflettere sul momento presente, rispondendo con sincerità ad alcune domande quali:

Cosa sto facendo qui?
Quale è il mio obiettivo?
Cosa mi circonda?
Che sensazioni mi procura questa situazione?
Come posso utilizzare al meglio la mia comunicazione per raggiungere i miei scopi?.

Alla lunga queste domande diventeranno parte del *modus operandi* che lavorerà in linea con il principio del massimo risultato e del minor sforzo.

Non a caso, in questo libro ti ho chiesto più volte di fermarti a riflettere sulle tue scelte giacché il primo passo per raggiungere un maggior benessere è discernere cosa ci procura benessere e cosa no.

Consapevoli di ciò che vogliamo, saremo meno propense ad indugiare in abitudini che producono disagio.

Consapevoli degli obiettivi da raggiungere, affineremo una forma comunicativa più efficace per farci intendere, riducendo in tal modo i margini di equivocità.

Consapevoli del nostro potere, saremo meno inclini ad interpretare i comportamenti altrui come degli attacchi personali.

Essendo più indulgenti con noi stesse svilupperemo in tal modo apertura e tolleranza nei confronti del pensiero divergente.

La consapevolezza del resto è essere consci che qualunque cosa accada siamo centrate e lucide nel nostro essere.

Le parole che seguono sono un attestato di presenza all'esistenza.
Prova a pronunciarle ad alta voce e sii consapevole delle sensazioni che producono le parole emesse.

Io sono qui, centrata, calma ed in pace.
Mi percepisco connessa con tutto ciò che mi circonda, unita al visibile e all'invisibile.
Sono connessa con ogni particella fatta di materia e con ogni altra cosa.

Sono una stella che brilla tra le altre stelle ed anche una parte della costellazione e delle galassie.
Sento l'unità tra me stessa ed il mondo intorno.
Mi sento a mio agio in compagnia degli altri nel viaggio della vita.

Mi sento calma, rilassata, creativa, connessa con le mie infinite risorse interiori.
Il benessere che provo mi infonde ancora più tranquillità.

Sono come lo specchio di un lago in una giornata senza vento oppure come la neve che cade nella foresta a mezzanotte.
Sono calma e tranquilla riguardo tutto.

Vivo nel momento presente, qui e adesso.
Credo che ogni cosa accada per un motivo e quel motivo è apprendere e sperimentare la vita.

Credo in me stessa.
Credo nel supporto del sacro femmineo.

Faccio in modo che la pace interiore sia la mia priorità.
Seguo il flusso degli eventi.

Mi adatto con facilità agli avvenimenti che incontro sulla mia strada.
Comprendo che dal caos nasce l'ordine.
Sono a mio agio con il caos e l'ignoto.

Rilascio l'esigenza di dover controllare tutto nella mia vita.
Rilascio il bisogno di avere l'approvazione degli altri.
Rilascio i miei sentimenti d'obbligo nei confronti degli altri.
Rilascio la frustrazione e la paura vivendo nel tempo presente.
Rilascio il bisogno di essere perfetta.

Comprendo che gli ostacoli rappresentano delle opportunità.

Se dovessi sentirmi stressata ritornerò alla mia centratura, respirando lentamente ed a pieni polmoni.

Scelgo di essere calma, centrata ed in pace.

Comprendo che i miei pensieri creano la realtà.
Osservo i miei pensieri e li scelgo saggiamente.

Permetto a me stessa di ricevere assistenza e permetto agli altri di donarmela.

Comprendo che ogni cosa è neutrale eccetto per il significato che io gli attribuisco.

I miei giorni si succedono in pace, eleganza e gioia.

Sono connessa alla Madre Terra ed essa è connessa con me.

Sono pronta ad accogliere i miracoli della mia vita.

Sono la co-creatrice della mia vita, assieme all'Universo.

Ogni giorno divento un po' più vigile ed equilibrata.

Ogni giorno che passa divento un po' più felice.

E così è.

La creatività

Il sacro femmineo è inevitabilmente connesso alla forza creativa. E questo è evidente per almeno due motivi: in primo luogo nel ventre materno ha luogo la manifestazione più alta del principio di creazione ed in secondo luogo poiché il divino femmineo è in relazione con la Natura, eternamente produttrice di vita.

In questo senso, il ventre materno, in analogia con la terra, è portatore dei frutti della creazione.

Un sillogismo perfetto farebbe pertanto concludere che la donna-dea è fermento, attività, vitalità, creazione, movimento, sviluppo.

La Dea è creativa. Ogni donna è potenzialmente una dea. Ogni donna è potenzialmente creativa.

Se associamo al concetto di Dea quello della Madre Terra potremo poi avere un'idea ancora più chiara della relazione tra il numinoso ed il principio di creazione.

Secondo Catherine Wishart, autrice di *"Giovani Dee"*, un essere divino al femminile può essere riconosciuto proprio per la sua creatività.
Descrive infatti la natura della Dea in questo modo:

"Le piacciono le cose. Potete vederlo dal fatto che ne crea un'infinita varietà, come i fiocchi di neve, i fili d'erba oppure le stelle. Non ne crea soltanto una o due, ma miliardi.

E' prospera. C'è veramente tantissima abbondanza nella natura: i laghi sono pieni di pesci, i campi di fiori, il cielo di stelle.

E' pronta a notare la bellezza. Ovunque guardate, in natura, potete osservare dei colori meravigliosi, come un grande artista che con mano perfetta esegue gli ultimi ritocchi sulla tela dell'universo.

E' creativa. Insomma bisogna avere una bella fantasia per creare la Terra e tutto ciò che esiste su di essa, per non parlare di tutto il resto dell'universo; e solo la Dea sa cosa esiste al di fuori di esso.

E' meravigliosamente intelligente. Tutto ciò che crea funziona con una simmetria perfetta. Anche se l'universo si espande a una velocità incredibile, questo processo avviene con un equilibrio assoluto, in modo che esso possa regolarsi da solo senza danneggiare se stesso.

Adora essere creativa.

Le piace molto manifestare la sua creatività: una cosa è avere delle idee straordinariamente creative, ma realizzarle è un'altra questione.

Potete rendervene conto voi stesse, esaminando questo pianeta ed i frutti del suo lavoro[17]".

La creatività è dunque una delle declinazioni del sacro femmineo e di ciò ne troviamo conferma nelle antiche culture matrilineari che hanno dato vita ad un variegato repertorio di manufatti e di produzioni artistiche.

"Tale cultura trasse intenso piacere dalle meraviglie naturali di questo mondo. La sua gente non produsse armi letali, né costruì forti in luoghi inaccessibili -come avrebbero fatto i successori- neppure quando conobbe la metallurgia. Eresse invece magnifiche tombe-santuari, templi, case confortevoli in villaggi di

---

[17] Catherine Wishart, *Giovani dee,* Macro Edizioni, 2004, pagg. 25-26.

modeste dimensioni e creò superbe ceramiche e sculture.

Fu questo un duraturo periodo di notevole creatività e stabilità, un'età libera dal conflitto. La loro cultura fu una cultura d'arte[18]".

Ancora oggi "la capacità creativa è il bene più prezioso della donna, perché dona all'esterno e nutre all'interno, a ogni livello psichico, spirituale, mentale, emotivo, economico[19]".
Alcune donne riferiscono di non essere affatto creative, ma questo non è possibile.
Tale convinzione somiglia a quella di chi ritiene di non sognare mai. In entrambi i casi le affermazioni sono inesatte e sono causate da una semplice dimenticanza.
Chi non ricorda i sogni ha comunque una vita onirica, solo che l'ha dimenticata.
Chi dice di non essere creativa lo è comunque, ha solo dimenticato di esserlo.
Nella mia vita non ho mai incontrato una donna che fosse priva di almeno un talento creativo.
Ho visto donne creare orli perfetti, capolavori in cucina, decorare casa con poco denaro, ammaliare con il canto, comporre poesie, addobbarsi come una dea, dipingere, allattare, sfornare oggetti, preparare creme, scolpire il proprio corpo come fosse creta,

---

[18] Marija Gimbutas, *Il linguaggio della Dea*, Venexia 2008, pag.321
[19] Clarissa Pinkola Estés, *Donne che corrono coi lupi*, Frassinelli Editore, 2009, pag. 319.

incantare con un racconto, investire in attività redditizie, consolare, amare, danzare, vincere gare sportive, leggere e imparare alla velocità della luce, tenere le redini della vita familiare e cacciar fuori cose dal nulla, tutte possedute dal flusso della creatività.

Ora però accade a volte che tale flusso si blocchi. L'energia si accumula e non trova vie di uscita per svariate ragioni e ciò procura un impantanamento nella vita.
Il fiume della creatività appare inquinato. Le acque sono sporche perché avvelenate dalla falsa convinzione di non essere sufficientemente brave.

"Ci sentiamo allora proprio come il fiume morente, prive di energie, stanche. Nulla si muove, non spuntano foglioline, non c'è frescura, non c'è tepore. Diventiamo pesanti, lente in modo negativo, avvelenate dall'inquinamento o dalla stagnazione di tutte le nostre ricchezze. Tutto appare infetto, torbido, tossico[20]".

Come fare dunque per ripulire il fiume della creatività e farlo scorrere libero e limpido?
Seguendo una prassi sicura e sana costituita da 4 propedeutici punti:

---

[20] Clarissa Pinkola Estés, *Donne che corrono coi lupi*, Frassinelli Editore, 2009, pag. 327.

1) Creare uno spazio-tempo sacro

Molte donne sentono una spinta interiore che le chiama ad essere attive sul piano della creatività, ma non sempre la seguono e le rispondono inconsciamente più o meno in questo modo:

"Oh...poi lo farò quando avrò tempo...;
quando avrò una casa più grande ci penserò...;
quando i figli saranno cresciuti finalmente potrò dedicarmi a...;
quando l'umore sarà migliore potrò riprendere a fare...;
quando ci saranno più soldi penserò a realizzare..."

E'vero, oppure no?.

Ora, dedicarsi ad un'attività creativa è un atto che per una donna richiede un enorme sforzo psicologico perchè sottrae attenzione e spazio agli altri.

Anche prendersi cura degli altri può tradursi come un atto creativo, ma non può costituire l'unica forma di alimentazione per l'anima che necessita di una dieta variegata e sostanziosa per mantenersi in salute.

Nella donna la tendenza ad accogliere, soccorrere ed aiutare è sentita in maniera molto più forte che nell'uomo.

Questa tensione all'accudimento ha un'origine in parte biologica (per la salvaguardia della prole) ed in parte socio-culturale (le è stato affidato secolarmente il compito di soddisfare i bisogni affettivi e nutritivi dell'altro).

Per tale tensione recondita alla donna riesce più difficile dire di no e curarsi di sé, mettere al primo posto le sue esigenze ed in secondo luogo soddisfare quelle altrui.

Ma l'anima non nutrita si rintana in un angolo buio e comincia a meditar vendetta, reclama di essere ascoltata e segue il "mito della dea oltraggiata".

In quello stato il latte si inacidisce, la vitalità si secca e si manifestano piccoli e grandi sintomi di malumore o malore.

Scrive Marie-Louise von Franz: "Quando si ignora una dea questa appare con più pericolosità[21]".

Del resto anche le storie mitiche e le fiabe lo insegnano.
Ricordi cosa accadde alla nozze di Peleo e Teti quando la Dea della discordia non fu invitata alla

---

[21] Marie-Louise von Franz, *Il femminile nella fiaba*, Universale Bollari Boringhieri, 2009, pag, 42

festa? E quando la tredicesima fata nella Bella Addormentata del bosco non fu invitata al banchetto per festeggiare la nascita della bella bambina?.

Beh, entrambe rivendicarono il loro diritto all'esistenza e lo fecero alla loro maniera. Irruppero alla festa e fecero sentire rumorosamente la loro presenza.

Guai ad ignorare una dea. Prima o poi essa si manifesterà e non è detto che lo faccia con tatto ed amorevolezza, soprattutto se è stata volutamente imbavagliata e dimenticata chissà dove.

Così fa la creatività, se repressa per lungo tempo, sfocia in maniera impetuosa e selvaggia.

L'anima se non nutrita a sufficienza provoca sempre delle conseguenze. Da un lato si possono manifestare comportamenti borderline e di aggressività feroce, dall'altra di apatia, abulia e disinteresse verso tutto.

Bisogna allora crearsi un luogo ed un tempo sacro, all'interno della cui dimensione curarsi solo delle proprie esigenze di espansione,

Bisogna ritagliarsi dimensioni inviolabili a cui non ha accesso nessun altro, all'interno delle quali incanalare la libido della creatività.

Ciò significa concedersi un momento nel quale cesseranno le richieste di aiuto esterne e non si presterà ascolto a nessun altro bisogno se non a quello proprio.

Sospendere anche per qualche minuto le preoccupazioni per la vita altrui è un atto rigenerante, un'azione di altruismo per se stessi e verso gli altri che beneficeranno del nostro stato di ricarica energetica.

Ogni tanto fa bene srotolare uno stuoino di solitudine e libertà personale sul quale stendersi e prendersi cura solo dei bisogni della propria anima.

Le donne, specialmente se madri, sono portate a credere di essere al mondo per facilitare la riuscita, il successo ed il benessere degli altri.

Ma non è così. Non bisogna sentirsi in colpa se ci si dedica alle esigenze della propria anima.
Una volta rigenerate, di riflesso anche gli altri intorno ne trarranno vantaggio.

Noi impareremo ad essere importanti di per sé e non solo perché aiutiamo Tizio, Caio e Sempronio, mentre gli altri apprenderanno di essere al cospetto di un essere che si ama indipendentemente da ciò che accade intorno.

Per alimentare il flusso creativo è necessario accordarsi un permesso di libertà per dedicarsi a sé ed alle proprie aspirazioni, ambizioni e passioni.

Per fare ciò dobbiamo stendere quel tappeto di solitudine e libertà di cui accennavo prima e sentire la piena legittimità di occuparlo.

La solitudine intenzionale è un processo che blocca tutte le distrazioni e permette la sola concentrazione su di sé. La solitudine intenzionale cessa tutte le lamentele esteriori e fa spazio solo per il nutrimento interiore.

Ho letto da qualche parte di una scrittrice che quando era immersa nella sua attività creativa appendeva fuori casa un cartello che pressappoco diceva così:

ATTENZIONE:

STO CREANDO.
NON DISTURBARMI PER NESSUN MOTIVO AL MONDO, FOSSE ANCHE UN CASO DI VITA O DI MORTE.

E TU CHE STAI LEGGENDO SE CREDI CHE QUESTO MESSAGGIO NON SIA RIVOLTO A TE, BEH E' PROPRIO RIVOLTO A TE!

Quindi, costruisci il tuo tappeto di isolamento interiore, la tua dimensione spazio-tempo impermeabile ai disturbi perché questo passo è il primo da compiere per esternare la creatività.

Casomai dovesse sopraggiungere un senso di colpa, per la sottrazione di attenzione alle persone care "ricordate sempre che altri possono coccolare i vostri gatti, anche se i gatti dicono che solo voi lo fate come si conviene. Il cane cercherà di farvi pensare che state abbandonando un bambino in autostrada, ma vi perdonerà. L'erba ingiallirà un poco, ma si riprenderà. Vostro figlio vi mancherà, e voi a lui, ma sarà bello ritrovarvi. Il vostro compagno forse brontolerà, ma gli passerà. Il vostro capo potrà minacciare, ma anche a lui passerà[22]".

Rifugiarsi per sempre in questo stato di estraniamento creativo provoca alienazione dalla realtà sociale. Non farlo mai provoca alienazione e perdita di contatto con il mondo naturale

---

[22] Clarissa Pinkola Estés, *Donne che corrono coi lupi*, Frassinelli Editore, 2009, pagg. 305-306

Una Dea ha il buon senso di mediare tra la realtà interiore e quella esteriore, tra le leggi umane e quelle naturali, tra il proprio bisogno di espansione e quello altrui.

Riconosce e rispetta gli spazi degli altri, ma possiede un territorio sacro ed inviolabile tutto suo, un regno in cui sperimenta la sua illimitata creatività.

2) *Abbandonare le sovrastrutture*

Questa è la mia fase preferita durante la quale bisogna diventare totalmente stupidi ed ignoranti. Dagli stolti impareremo l'arte di essere leggeri. Dagli ignoranti impareremo l'arte di essere vasi vuoti che non applicano preconcetti per definire il Mondo.

Del resto qualsiasi concetto descrittivo della realtà, per quanto possa apparire calzante, è un vestito troppo stretto per contenerla tutta.
Chi si sforza di spiegare il reale attraverso di esso sentirà necessariamente la frustrazione di chi ha sagomato una forma per un essere informe.

Questa è la fase in cui si spazia nella completa libertà di poter ideare, progettare e creare senza freni inibitori.

In questa fase è indispensabile che tu assecondi l'ondata di creatività. Non reprimerla, non censurarla, lasciala fluire liberamente.

Permettiti di essere il canale tra l'ispirazione ed il prodotto. Concediti il lusso di essere il mezzo tra il suggerimento divino e la manifestazione fisica di questa Essenza.

Dimentica ciò che hai imparato sinora, cimentati a creare senza pregiudizi.

Non pensare se la tua opera sarà bella, se avrà successo e/o visibilità, se riscontrerà consensi, se ti produrrà denaro, crea e basta. Crea per te.

Non pensare a cosa diranno gli altri, non conformarti a nessun modello precedente, non emulare, non limitarti, non porti confini ideologici, concettuali, artistici etc.

Non pensare se hai abbastanza attestati, certificazioni, competenze, abilità, riconoscimenti per creare.

Non pensare. Sii la tua opera.

Il valore di una creazione non è dato dall'approvazione sociale, ma dall'autenticità delle intenzioni.

Più le intenzioni saranno pure (cioè non influenzate da schematismi automatici appresi e replicati) più l'opera sarà innovativa e originale.

I momenti di transizione in cui si fa spazio una nuova idea sono definitivi "perturbativi" perché mettono in discussione le impalcature teoriche precedenti.

Tanto più la tua opera non somiglierà a nulla di ciò che è stato precedentemente prodotto, tanto più sarà autentica, tanto più avrà valore.

Se proprio ha bisogno di qualcosa il Mondo, ha bisogno di qualcosa che non esiste ancora, non di qualcosa che già c'è.

Il tuo prodotto tanto più non sarà condizionato dallo sforzo di essere apprezzato da tutti, tanto più sarà utile a qualcuno, se non altro a te.

Questa operazione di farsi tabula rasa è tanto necessaria quanto stimolante per affinare l'ascolto dei sussurri della Dea-Musa.

3) Proteggere la creatura

Questa è la fase più delicata del processo creativo: la creatura si sta formando e bisogna prendersene cura con devozione.

E' la fase in cui sarebbe auspicabile un religioso silenzio circa il progetto in corso, al fine di evitare turbamenti che potrebbero compromettere la buona riuscita dell'opera.

Suggerisco quindi di non condividere troppo l'idea che sta nascendo per non intralciare la gestazione con commenti esterni poco incoraggianti e demotivanti.

Come ricorda Marie-Louise von Franz: "chiunque abbia realizzato un'opera sa che non si deve discutere d'una idea in *statu nascendi*. Uno scrittore non dovrebbe mostrare a troppa gente ciò che sta scrivendo, e di solito egli sa quando l'opera è in quel delicato stato di crescita[23]".

In questo stadio molte potrebbero essere le tentazioni di abbandonare il progetto: impegni sopraggiunti, esortazioni a mollare da parte di altri, stanchezza, senso di sfiducia.

---

[23] Marie-Louise von Franz, *Il femminile nella fiaba*, Universale Bollari Boringhieri, 2009, pag, 143

Ed è per questo che andrebbero adottate misure cautelative per proteggere ciò che è in nuce.

Quanti progetti stavano nascendo dalla febbrile passione del momento e non sono poi mai più decollati?
Quanti lavori abbiamo lasciato a metà? Di quante creazioni accarezzate in sogno ci siamo dimenticati di portare a termine?
Quante attività sono state tralasciate?

Libri iniziati e mai conclusi. Tele incomplete dell'ultima passata di colore. Decorazioni mancanti del tocco finale. Desideri di intraprendere attività di studio, di lavoro, di danza, di avventure morti sul nascere.

Sono tutti aborti della creatività che, non sufficientemente nutrita, ha dato luogo a prodotti incompleti e deformati.

Per tale motivo un'idea creativa nel suo stato embrionale necessita del sostegno necessario per essere data alla luce nella sua forma completa.

Non socializzare troppo l'idea creativa è dunque una forma di rispetto e di alimentazione per l'opera che prenderà vita.

Non bisogna parlarne troppo per due motivi essenziali:

a) perché la non accettazione sociale o l'incomprensione da parte dell'ambiente di appartenenza potrebbero mandare all'aria i piani di azione;

b) poiché un'idea creativa nel suo stadio di sviluppo è semplicemente "non trasferibile", ovvero non comunicabile. Un'idea creativa non si può travasare, né comunicare. Giace nel regno dell'indicibile e pertanto ogni tentativo di verbalizzarla risulterebbe un'operazione di banalizzazione e semplificazione.

In alcuni impantanamenti della vita a volte basterebbe parlare un po' meno e agire di più. Nel caso di un atto creativo è una regola d'oro, un segreto che solo gli artisti più audaci conoscono e di cui ora sei in possesso anche tu.

4) Eliminare gli elementi inquinanti

Questa è la fase più difficile del processo creativo e richiede una buona dose di coraggio. Comporta impegno e fatica, ma paga in termini di rafforzamento dell'autostima.

A questo punto puliremo il fiume dagli agenti inquinanti, costituiti da quanti denigrano il nostro lavoro e non ripongono fiducia nelle nostre azioni.

E' un atto doloroso, ma necessario quello di allontanare i soggetti che gettano fango sul nostro operato con constatazioni poco edificanti.

L'atto creativo va protetto anche mediante la tessitura di una rete di rapporti sani.
Una rete di appoggio che dia fiducia al nostro operato è un ottimo concime per lo sviluppo creativo.
E' necessario quindi circondarsi da quanti incoraggiano l'emergere della creatività.

Nell'induismo questa pratica di coltivare relazioni sane è chiamata *satsang* e si riferisce ad una vera e propria ecologia dei rapporti in cui si sceglie di circondarsi solo da chi ci fa star bene.

Chi, viceversa non crede nelle nostre capacità e smorza l'entusiasmo dell'atto generativo, costituisce un intralcio.

Battute dissacranti, incitamento a demordere, osservazioni sulle mancanti abilità creative sono i veri agenti inquinanti per il fiume della creatività.

E' facile comprendere chi costituisce un agente inquinante poiché si comporta da vero e proprio vampiro energetico. Sono coloro i quali succhiano energia, tempo, attenzioni, risorse, lasciandoci stanche e svuotate.

Sono tutte quelle persone alla cui presenza proviamo stati di malessere: agitazione, disagio, senso di indegnità, frustrazione, tristezza, rabbia.
Un buon esempio di vampiro energetico è rappresentato da chi ci distoglie dalle nostre occupazioni e dal soddisfacimento dei nostri bisogni.

Un vampiro energetico lo si riconosce subito poiché ha bisogno di essere continuamente sfamato, sostenuto, accudito, coccolato e farà di tutto per concentrare l'attenzione su di sé.

Un vampiro energetico scalpita se non ottiene l'attenzione agognata e, se il soggetto che ha preso a tiro è immerso in un'altra attività, cercherà di distrarlo con ogni mezzo.

Il vampiro energetico è l'agente inquinante più letale per la creatività. Ogni atto creativo sarà oggetto di derisione da parte del vampiro energetico che mira a spostare il focus dalla soddisfazione degli altri alla sua personale soddisfazione.

Il vampiro energetico depreda le sue vittime dell'istinto creativo e lascia i soggetti nella paralisi e nello sconforto.

Il vampiro energetico è come il sacco di un aspirapolvere che si ingrossa al suo passaggio.

Miete vittime demolendo la loro autostima e appropriandosene deliberatamente.

Il vampiro energetico è come un uragano che cresce in misura proporzionale rispetto a ciò che risucchia.

Il vampiro energetico dirà qualsiasi cosa per renderti sua servitrice e distrarti dall'intento creativo.
Per quanto sia suadente e bisognosa la sua voce è importante essere consci della richiesta di attenzione che viene fatta ed agire con spirito vigile e cauto.

Un vampiro energetico si differenzia da un normale soggetto in difficoltà poiché il primo ha una necessità costante di te, il secondo sa cavarsela da solo in altre circostanze.

Il primo compirà volutamente micro atti di cattiveria ai danni di chi lo circonda. Avrà comportamenti irrispettosi ed un atteggiamento prepotente.

Il secondo soggetto è capace di dare, di essere presente e mettersi in modalità di ascolto dell'altro.

Se incontri qualcuno che è continuamente distratto mentre gli parli o che ti interrompe di continuo mentre sei assorto in qualsiasi attività, puoi essere certa di trovarti dinanzi ad un vampiro energetico.

Scegliere di intrattenere legami con costoro oppure no avrà ripercussioni sulla tua vita creativa.

Chiunque merita un gruppo di sostegno e di appoggio per la sana espressione dei propri talenti.
Ogni prodotto creativo per crescere sano deve essere esposto al calore degli affetti.
"Gli amici che vi amano e appoggiano calorosamente la vostra vita creativa sono il miglior sole del mondo[24]".

---

[24] Clarissa Pinkola Estés, *Donne che corrono coi lupi,* Frassinelli Editore, 2009, pag. 348.

L'autorità interiore

Eccoci giunte al terzo passo per diventare una dea: sviluppare autorità interiore.

Quando ho iniziato la stesura di questo libro non sapevo che forma prendesse, sapevo soltanto quali erano i tre passi per riappropriarsi del potere femmineo.

Ho ricamato una trama intorno ai tre elementi:

- consapevolezza
- creatività
- autorità interiore

E mentre il ricamo compariva sotto i miei occhi mi sono accorta che formava un disegno geometrico perfetto.
Consapevolezza, creatività ed autorità interiore mi sono apparse dunque come le tre facce della dea.

La consapevolezza è propria della Dea fanciulla, dell'Afrodite conscia del suo valore e del suo fascino. E' la luna crescente, consapevole del suo potenziale di espansione.

La creatività è propria della Dea Madre in tutte le sue declinazioni di figura materna e generatrice delle cose. E' Demetra, madre della sua amata figlia Persefone e signora dell'agricoltura.

E' la Luna piena, il pieno compimento dell'atto creativo.

L'autorità interiore è propria della Dea anziana, saggia e sapiente. E' la strega Baba-yaga delle fiabe russe potente ed autorevole.

E' la Luna calante che, colma di esperienze per il suo ciclo di vita quasi concluso, infonde rispetto ed irradia autorità.

La vecchia saggia non è una figura che si associa ad una stagione della vita, ma è un archetipo del sacro femmineo.

"L'archetipo della donna saggia appartiene a donne di tutte le età e si manifesta con forme e modalità uniche nella vita di ogni donna[25]".

Non importa quanti anni hai. Non si è mai troppo giovani né troppo anziane per incarnare il mito della vecchia Baba-yaga.

La vecchia saggia è autorevole perché qualsiasi cosa accade alla sua vita resta centrata, non vacilla il suo

---

[25] Clarissa Pinkola Estés, *Storie di donne selvagge*, Frassinelli Ed., 2009, pag. 134.

animo dinanzi alla tempesta, non trema il suo cuore nel bel mezzo di un terremoto.

Non perde di vista la sua numinosità dinanzi alle tragedie; ricorda in ogni circostanza la sua essenza divina.

Nulla smuove la sua compostezza interiore, anche se fuori il caos ed il disordine prendono il sopravvento.
"Non sottovalutare mai la resistenza di una vecchia saggia. La vita può dilaniarla o trattarla ingiustamente, ma lei possiede un'altra anima luminosa che rimane sempre intatta[26]".

La vecchia saggia è rappresentata nelle fiabe russe dalla strega Baba-Yaga.
Baba-Yaga nell'immaginario fiabesco è l'archetipo della dea che tutto sa, non è una madre dolce e amorevole, né una matrigna malvagia.
Al cospetto di Baba-Yaga si può provare timore reverenziale, perché il suo aspetto fa paura, ma è una Dea giusta.

Baba-Yaga è la figura ideale con la quale cominciare un cammino iniziatico. E' colei che prenderà il posto della "mamma a cui tutto pensa" e si sostituirà ad essa

---

[26] Clarissa Pinkola Estés, *Storie di donne selvagge*, Frassineli Editore, 2009, pag. 151.

per trasmettere alle giovani inizianda il senso dell'autonomia e dell'emancipazione interiore.

Baba-Yaga compare alla morte simbolica della "madre che pensa a tutto" ed insegna ad eterne figlie disorientate il compito di sapersela cavare con le proprie forze.

La madre che pensa a tutto rappresenta il bisogno costante di affidarsi agli altri per ricevere istruzioni sul da farsi.

La madre che pensa a tutto è certamente un archetipo positivo, ma la sua presenza "troppo dolce e rassicurante" deve prima o poi cedere il passo alla vecchia Baba-Yaga che rappresenta l'istinto interiore ed il sano buon senso.

Invece di cercare all'esterno copiosamente la risposta su cosa è giusto fare, Baba-Yaga insegna a fidarsi del proprio intuito.

Baba-Yaga è colei che tutto conosce, "è la madre delle ere. Nulla la sorprende, ha visto tutto[27]". Baba-Yaga non è altro che una variazione sul tema dell'autorità interiore.

---

[27] Clarissa Pinkola Estés, *Donne che corrono coi lupi*, Frassinelli Editore, 2009, pag. 103.

Chi possiede il dono dell'autorità interiore spicca subito per la regalità con cui tratta se stesso.

Non si tratta di adottare atteggiamenti pomposi e artificiali, tutt'altro, ma di conferire grande dignità alle proprie scelte.

Indossare l'abito dell'autorità interiore significa confidare nel proprio buon senso, consapevoli che la scelta migliore circa la nostra vita nessun altro può conoscerla se non noi.

Va bene confidarsi e confrontarsi su scelte importanti, ma consci che nessun altro sa cosa è meglio per noi. Questo è un passo decisivo per quante donne hanno passato lo scettro del potere della propria vita in mano agli altri.

Molte donne hanno demandato l'ultima parola in fatto di decisioni ai padri, ai mariti, ai compagni, ritenendoli più degni di se stesse.

Chi invece sviluppa la grande dote dell'autorità interiore riceve in premio il rispetto.

L'autorità interiore è sinonimo di forza, non fisica, ma psicologica ed emotiva.

"Essere forti non significa avere muscoli rigonfi. Significa andare incontro alla propria luminosità senza fuggire, vivere attivamente con la natura selvaggia a modo proprio. Significa essere capaci di imparare, essere capaci di sopportare quanto sappiamo. Significa stare ritte a vivere[28]".

L'atteggiamento di chi sta ben diritta nel vivere la vita merita un discorso a parte poiché non è un suggerimento che va inteso solo in senso figurato.

La postura, la prossemica, l'intonazione della voce ed il linguaggio dei gesti, si sa, raccontano molto di noi.

Un atteggiamento remissivo, con il capo chino, le spalle ricurve, la vocina tremula mal si adatta all'idea di donna dalla grande autorevolezza interiore.

Anche un atteggiamento borioso, con il petto in fuori, la voce alta e/o stridula, un parlare eccessivamente veloce o un muoversi irrequieto mal si conciliano con l'immagine di una donna dalla grande padronanza interiore.

Essa invece incederà calma, il suo atteggiamento sarà rilassato, ma vigile, i suoi movimenti saranno larghi e

---

[28] Ibidem, pag. 80.

aggraziati. La sua voce sarà benevola, ma intransigente.

Le sue spalle saranno diritte, né troppo in dentro, né troppo in fuori.

Ogni cosa in lei emanerà maestosità e sicurezza.

In questo contesto mi piace riabilitare la figura mitica di Medusa. La leggenda vuole che pietrificasse gli uomini con uno sguardo. Naturalmente e per fortuna nessuna donna ha questo potere, ma le storie mitiche non vanno mai prese alla lettera. Mi piace pensare che l'immagine di Dea che pietrifica con lo sguardo nasconda l'idea di una donna che con la sua compostezza e fermezza negli occhi evoca il rispetto.

Una donna autorevole sarà così l'emblema della pace e della risolutezza.
Sarà impossibile non accorgersi di lei e portarle rispetto.

"Gli esseri si illuminano alla vicinanza con una donna che è in accordo con se stessa, perché ella allora si avvicina all'aspetto positivo della dea-madre, quell'aspetto che fa crescere il grano[29]".

---

[29] Marie-Louise von Franz, *Il femminile nella fiaba*, Universale Bollari Boringhieri, 2009, pag, 171.

Gli esseri umani si comportano da specchio. Noi agiamo in base agli input verbali e non verbali che gli altri ci forniscono. Chi ha un atteggiamento da vittima richiamerà carnefici. Chi ha un atteggiamento da carnefice richiamerà la sua vittima.

Inconsciamente forniamo agli altri un manuale d'uso su come comportarsi con noi. Ciò che pensiamo di noi stessi si riflette negli atteggiamenti che gli altri adottano nei nostri confronti, rinforzando l'auto percezione iniziale.

Questo crea un circuito che si auto rafforza, ma può essere spezzato in ogni momento.

Come?
Cambiando l'atteggiamento verso se stessi.

Se comincerai a rispettarti e a credere fermamente nelle tue scelte, per gli altri, quel manto di fiducia ed autostima che indossi, sarà un richiamo irresistibile per tributare altrettanta fiducia e stima verso di te.

Lavorando ancora una volta sulla consapevolezza, osserva quale immagine di te stessa proietti nel mondo, quali sono le tue modalità comunicative e prova a giocare con la comunicazione non verbale, verificando quali effetti produci nel tuo mondo sociale, cambiando tono, postura, velocità della parlata etc.

Mentre proverai ad indossare gli abiti regali della Dea, dimenticherai ad un certo punto a chi appartengono e sovrapporrai la sua immagine alla tua.

Ma torniamo a Baba-yaga che ha ancora molto da istruirci circa l'ombra, il lato buio, ciò che generalmente non vogliamo vedere.

Baba-yaga ci insegna ad abbracciare il non bello ovvero la taciuta fame di amore, le nostre ferite, la parte incattivita dal dolore, le vulnerabilità, gli aspetti fragili e infantili.

"Inoltre la natura Vita/Morte/Vita che partorisce, distrugge, tiene in incubazione e di nuovo partorisce, è considerata dalle nostre culture il non-bello[30]".

Baba-yaga simboleggia in qualche misura la Morte, la parte oscura. In quanto strega porta i segni del corpo in decomposizione. Il suo corpo ricorda quello di un cadavere. "L'aspetto scheletrico dei piedi ha un nesso col fatto che la strega non cammina mai, La strega vola

---

[30] Clarissa Pinkola Estés, *Donne che corrono coi lupi*, Frassinelli Editore, 2009, pag. 141.

o giace, cioè si manifesta anche esteriormente come un cadavere[31]".

Baba-yaga incarna meravigliosamente la dualità vita/morte presente nei culti antichi della Dea.

"La Baba-yaga rinvia ad una figura della Grande Madre di tipo arcaico, nella quale il positivo e il negativo sono ancora mescolati. E' piena di forze di distruzione, di desolazione e di caos, ma contemporaneamente può essere soccorrevole[32]".

Baba-yaga ci insegna a non rinnegare il proprio lato oscuro, a non rimandare l'incontro con la parte più forte e destabilizzante in noi, integrandola.
Chi ha preso familiarità con il proprio lato oscuro, è in grado di fare due cose.

1) riconoscere il lato oscuro nell'altro, evitando di perdersi in errori compiuti in nome dell'ingenuità;
2) Non temere nessun aspetto del Sé, poiché ogni parte è stata riconosciuta, accolta ed apprezzata per la sua specifica funzione.

---

[31] Vladimir Propp, *Morfologia della fiaba. Le radici storiche dei racconti di magia.* Grandi Tascabili Economici Newton, ed. 2006, pag. 191
[32] Marie-Louise von Franz, *Il femminile nella fiaba*, Universale Bollari Boringhieri, 2009, pag, 164.

In realtà "socchiudendo la porta del regno delle ombre e lasciando uscire vari elementi poco per volta, relazionarci a questi, trovando per loro un uso, negoziando, possiamo farci sorprendere meno da attacchi furtivi dell'ombra e inattese esplosioni[33]".

Alcune donne in realtà hanno paura semplicemente del loro potere, di dove questo può spingerle e rifiutano di guardare parti di sé che, se ignorate, si incattiviscono.

La strega di per sé non è cattiva; essa è semplicemente la Grande Dea demonizzata dalla cultura cristiana. Rappresenta il principio potente di distruzione e di morte che si affianca a quello di vita e rinascita nella Grande Dea.

La cultura cristiana ha eliminato dalla divinità al femminile questa componente di morte e rinascita ed ha presentato nell'iconografia Mariana una donna numinosa, ma priva degli elementi considerati di pericolo.

La paura maschile del potere delle donne è stata costruita in più di mille anni ed è molto radicata; e la paura che noi stesse abbiamo del nostro potere è inabilitante[34]".

---

[33] Clarissa Pinkola Estés, *Donne che corrono coi lupi*, Frassinelli Editore, 2009, pagg. 245- 246.
[34] Vicki Noble, *Il risveglio della Dea*, Tea Edizioni, Milano 2010, pag. 203

L'ombra e la morte si sono staccati dalla luce e dalla vita. Da questa divisione culturale la Dea è stata separata da sé. Ciò con cui facciamo i conti adesso sono i frammenti sparpagliati di una cultura che considerava il principio sacro femmineo come un tutto organico. Abbiamo così da una parte Maria, l'aspetto positivo e dall'altra la strega, l'aspetto negativo.

Ma c'era un tempo in cui la Dea come principio generativo conteneva il tutto ed il suo opposto, come nella figura sacra del tao, bianco e nero si compenetravano e completavano.

Per riappropriarsi dell'autorità femminea bisogna allora andare a recuperare ogni frammento e rimettere assieme le parti negate e taciute.

Sopportare ed accettare l'oscuro, gli aspetti negativi dell'anima rappresenta la sfida più grande per ricomporre una personalità salda, organica e compatta e per favorire uno sano sviluppo psichico.

L'ombra di per sé ha una sua funzione utile, rifiutarla blocca lo sviluppo dell'autorità interiore per un motivo tanto semplice quanto importante.

Se ritengo di possedere nel mio corredo ancestrale un aspetto nocivo da tener a bada, se non addirittura da sopprimere, sto ammettendo che c'è qualcosa che non va in me.

Tale ammissione, implicita o esplicita, mi nega il diritto di un'accettazione completa di me stessa.

Tale mancata accettazione sarà vissuta come un tara. Tale senso di indegnità non permetterà uno sviluppo sano dell'amore per se stessi, giacché l'essenza sarà macchiata da qualcosa che definisco "ombra".

L'ombra non va combattuta, ma integrata. Tanto più accetteremo ogni singola parte che compone tutto ciò che chiamiamo "noi" e che si riferisce alla nostra persona, tanto più assumeremo un contegno maestoso ed autorevole.

Pertanto la conoscenza di sé e l'integrazione dell'Ombra rende un essere concentrato e inviolabile. La sua conoscenza dell'oscurità agisce come una protezione[35]".

Anche se nessun te l'ha mai detto, stai pur certa che non c'è nulla che non vada in te, sei perfetta così come sei, pura ed amabile incondizionatamente.

---

[35] Marie-Louise von Franz, *Il femminile nella fiaba*, Universale Bollari Boringhieri, 2009, pag, 188.

Pur cercandolo in ogni dove dentro di te nessuno troverebbe mai qualcosa chiamato "male".

Non c'è alcun motivo per cui non meriti di portare in giro la tua luminosità con fierezza, orgogliosa delle scelte che ti hanno condotto sin qui.

Che tu sia benedetta, Dea che tu possa emanare d'ora innanzi consapevolezza, creatività ed autorevolezza; che tu possa illuminare con saggezza ogni dove; che la tua luce risplenda su quanti ti circondano; affinché la tua Essenza primigenia sia ovunque riconosciuta, accolta, amata.

Conclusioni

La donna è il creatore dell'universo
Ella è il vero corpo dell'universo;
la donna è il sostegno dei tre mondi,
la vera essenza del nostro corpo.
Non esiste altra felicità come quella che una donna può
procurare.
Non c'è altra via diversa da quella che la donna può aprirci.
Mai è stata, è, o sarà
Fortuna come quella di una donna, nessun regno
Nessuna meta di pellegrinaggio, yoga, preghiera
Formula mistica, ascetismo, ricchezza
Saktisamgana Tantra, Vol II

Questo libro è stato concepito come un percorso iniziatico il cui intento è quello di andare a recuperare un'eredità storica perduta: la cultura gilanica[36] pacifica e creativa fondata sul culto della Dea.

La grande Dea Madre, che compare in centinaia di statuette e graffiti risalenti al periodo Neolitico (fino all'età del Bronzo), è una divinità molto più complessa

---

[36] Società fondata sull'eguaglianza dei sessi e sulla sostanziale assenza di gerarchia e autorità risalente al periodo che va dall' 8.000 al 2500 a.C, in rapporto soltanto al Neolitico.

di quella che appare nei rimasugli di figure numinose al femminile, tramandate a partire dall'insediamento del patriarcato.

La Dea antica è Una (sebbene dalla triplice forma poiché legata al ciclo Vita/Morte/Rinascita) e conserva caratteristiche sia femminili che maschili. Ella ha mille nomi e non ha volto perché assume tutte le identità femminili.

Essa è la Terra o più semplicemente la natura. E' un Dio completo nel quale si esperisce il senso dell'unitarietà.

E' con il sistema istituzionalizzato dell'agricoltura, la divisione in classi sociali e la nascita del patriarcato che il Dio si separa da sé e nasce il concetto di dualità: bene versus male.

"L'uomo è divino non nella sua persona singola, ma nella sua gemellarità. Come Osiride, Spirito dell'Anno Crescente, egli è costantemente geloso del suo rivale Set, lo Spirito dell'Anno Calante e viceversa; non può essere entrambi, se non mediante uno sforzo intellettuale che distrugga la sua umanità, e proprio in questo consiste il difetto di ogni culto apollineo o jahvistico[37]".

---

[37] Robert Graves, *La Dea Bianca*, Ed. Adelphi, 2009, pag. 125.

Il Dio maschile per essere legittimato deve avere una controparte, una nemesi, la Dea no.

Secondo Robert Graves, nella sua essenza archetipica "L'uomo è un semidio: ha sempre un piede in una fossa: la donna è divina perché può tenere entrambi i piedi sempre nello stesso posto, in Cielo, nell'Oltretomba o su questa terra[38]".

Il culto della Dea è fondato su un approccio alla realtà olistico dove si concepisce l'esistenza come un processo di appartenenza al tutto in continuo divenire.

Il pensiero gilanico per questo abbraccia la totalità del tutto: nulla rifiuta, tutto incorpora, ama, partorisce e poi distrugge, in un eterno movimento che trova espressione nella figura elementare del cerchio e della spirale.

E' per questo che le prime immagini della dea richiamano il concetto di dinamicità, della vita che si evolve, che muta e cambia forma.

Il serpente, ad esempio, è l'animale sacro associato alla Dea antica per via della sua caratteristica di rigenerazione attraverso la muta. Nell'immaginario culturale cristiano poi il serpente, come la donna, fu

---

[38] Ibidem.

associato al male ed alla corruzione. Ma molti sono i simboli associati alla Dea che rievocano la morte e la trasmutazione in altra forma (come la farfalla o la civetta) che sono stati banditi da una cultura che considera la morte un tabù ed ha dimenticato che essa è semplicemente l'altra faccia della vita,

E' per questo che la cultura, odierna basata sul separazionismo e sulle categorie dicotomiche (se una cosa è buona non può anche essere cattiva, se è bianca non può anche essere nera) ha difficoltà ad accettare il sacro femmineo che è totalizzante e non discriminante.

Molte nozioni che oggi diamo come scontate sono in realtà il frutto di un lavoro culturale millenario. La nostra cultura associa ad esempio il colore nero alle tenebre ed il bianco alla vita, ma non è sempre stato così.

Nel periodo in cui il culto della Dea era celebrato il nero rappresentava la vita poiché faceva riferimento alla terra, umida generatrice di vita ed il bianco alla morte il colore pallido dei defunti e delle ossa.

La terra inoltre era sì il simbolo dell'incubatrice della vita (l'utero sacro della Dea), ma anche il sarcofago che inghiotte la morte da cui scaturirà una nuova vita.

Pensare alla Dea significa abbandonare il pensiero lineare e scientifico prodotto da anni di cultura fallocratica e riscoprire una nuova relazione con la ciclicità, la terra, la natura, l'intuizione (quest'ultima particolarmente temuta e demonizzata nel corso dei secoli).

La cultura gilanica potrà apparire ambivalente come Hermes, (Ermete Trismegisto o Asclepio, che dir si voglia) figura mitica anche questa associata alla Dea perché come Costei può essere una cosa ed anche il suo contrario, senza il pericolo di apparire incoerente. C'è spazio per tutto e tutti nel ventre della Dea. La sua più alta virtù è l'accoglienza. Essa è il calice della vita. Recipiente e contenuto assieme.

Da questa totalità dell'essenza divina la dea è poi stata smembrata ed i suoi attributi sono stati distribuiti ed isolati.
I miti egizi e poi greci hanno creato un gruppo di dee associate di volta in volta a quella o quell'altra caratteristica. Con il tempo poi molte dee sono state cristianizzate. E' il caso della celtica Brigit divenuta Santa Brigida, donna mai esistita in realtà, ma ancora ricordata nei nostri calendari. "Un fenomeno simile si era verificato in Grecia e in Italia, dove la dea Venere era divenuta santa Venere, Artemide Sant'Artemio,

Mercurio e Dionisio i santi Mercurio e Dioniso, e il dio del sole Elio Sant'Elia[39]".

"Dalla frammentazione di Gaia, l'Antica Dea Terra creatrice, in stereotipi basati sul ruolo sessuale nacquero le dee e gli dei dell'olimpo. Afrodite divenne l'amante licenziosa, Era la moglie gelosa e isterica di un dio del cielo donnaiolo, Artemide fu relegata in terre selvagge (come Lilith prima di lei) e Atena fu ri-creata come figlia del padre. Le donne occidentali hanno dovuto arrangiarsi con i resti di un'interezza femminile sradicata quasi cinquemila anni fa[40]".

La Dea allora divenne caricatura di se stessa ed il riferimento mitico ha dato vita ad una galleria macchiettistica: Venere è fascinosa, Demetra è materna, Atena è cerebrale, Lilith è passionale e così via.

Ma come si fa a sviluppare una sana identità di genere se le figure culturali di riferimento fanno a pezzi ciò che in origine era unitario?

"Nella nostra civiltà ebraico-cristiana, cioè in una tradizione rigidamente patriarcale, l'immagine della donna non trova rappresentanza adeguata, nemmeno

---

[39] Robert Graves, *La Dea Bianca*, Ed Adelphi, 2009, pag. 165.
[40] Vicki Noble, *Il risveglio della Dea*, Tea Edizioni, Milano 2010, pag. 215.

nel culto mariano. Come diceva scherzosamente Jung, ella non ha rappresentanti nella Camera Alta[41]".

Maria, la madre di Gesù Cristo conserva infatti solo i primi due aspetti della dea: Vergine e Madre, ma è completamente priva dell'aspetto distruttivo della vecchia Megera.

Come fare allora in assenza di figure culturali di riferimento che diano integrità ai tre aspetti del femminino?

Facendo pace, abbiamo detto.

Recuperando la storia taciuta e tenuta nascosta. Riappropriandoci dei miti più antichi sotterrati che rievocano un passato in cui la donna era tenuta in grande considerazione.

La storia che ci hanno raccontato potrebbe rivelarsi più incompleta di quanto immaginiamo.

Il processo di evoluzione lineare è un artefatto teorico. Saremmo stupiti probabilmente di sapere che prima dell'avvento del patriarcato non esistevano schiavitù né disuguaglianze. Siamo invece abituati a credere che i popoli antichi se la passassero male senza gli agi del nostro progresso scientifico e tecnologico, ma forse questa posizione andrebbe rivista alla luce delle conoscenze antropologiche e archeologiche più

---

[41] Marie-Louise von Franz, *Il femminile nella fiaba*, Universale Bollari Boringhieri, 2009, pag. 10.

recenti che portano alla luce società armoniose e non violente.

Ci sorprenderà anche sapere che le società orali e nomadi avevano livelli di qualità della vita superiori a quelli dei popoli stanziali e alfabetizzati.
"Le testimonianze archeologiche ci mostrano che i primi agricoltori erano spesso più gracili e malnutriti dei loro colleghi cacciatori-raccoglitori, erano soggetti a malattie più gravi e morivano in media prima[42]".

E' duro ammettere di aver fatto passi indietro in termini di uguaglianza sociale e benessere collettivo, è per questo che gran parte della storia gilanica è stata sepolta, per non rinnegare l'immagine di opulenza e apparente comfort della società moderna.

Apprendendo la storia censurata del culto della Dea facciamo inoltre pace con tutte le parti che compongono il sé, anche quelle che sembrano più oscure, gettando luce su queste e osservando che semplicemente illuminandole esse non sono poi tanto scure.

Creando reti sociali fondati su un senso di sorellanza con le altre donne ed abbandonando la competizione tra lo stesso genere di appartenenza e quello opposto.

---

[42] Jared Diamond, *Armi, acciaio e malattie. Breve storia del mondo negli ultimi tredicimila anni*, Ed. Einaudi 2006, pag. 77.

Riscoprendo la tolleranza e l'indulgenza verso se stesse e verso il pensiero divergente.

"Dobbiamo sviluppare un senso di benessere interiore, un centro interiore dove giudicare noi stesse meno severamente della cultura esterna e concederci di agire seguendo i nostri impulsi[43]".

Non avendo paura di esprimere fino in fondo la propria essenza.

Mettendo in discussione stereotipi di genere e alimentando una coscienza critica, un pensiero lucido, autonomo, originale su quanto ci circonda.

Vestendoci dell'abito dell'autorevolezza quando scegliamo e quando semplicemente siamo.

L'integrazione del femminino come inteso qui va oltre il movimento femminista al quale riconosciamo l'impegno per una causa sociale così complessa ed articolata come quella dell'integrazione della donna alla vita sociale e politica, nonché la lotta a favore del riconoscimenti di diritti al femminile.

---

[43] Vicki Noble, *Il risveglio della Dea*, Tea Edizioni, Milano 2010, pag. 242

Ma la rabbia con cui si è alimentato il movimento femminista è controproducente per l'avvio di una nuova forma pensiero che tenga conto della solidarietà tra le categorie sessuali affinché cooperino insieme per l'egualitarismo.

E' per questo che è auspicabile essere a favore e non essere contro. Puntare l'accento su ciò che vogliamo fare e non su ciò che vogliamo combattere. In tal modo il focus è centrato sull'obiettivo e non sui percorsi da evitare. In questa maniera saremo concentrate su ciò che vogliamo davvero e l'energia non si disperderà.

L'impegno sarà allora quello di riabilitare il principio femminile ed al contempo lavorare a favore della pace tra i sessi.

Il presente lavoro si è mosso in questa direzione per andare a recuperare la Dea prima che questa "gradualmente si ritrasse nelle profondità delle foreste o sulle cime dei monti, dove nelle credenze e nelle fiabe si trova tutt'oggi[44]".

Andare a ripescare la storia della Grande Madre è un'operazione affascinante che ci riguarda tutte da vicino poiché conferisce ricchezza alla nostra genealogia. Le nostre radici sono regali

---

[44] Marija Gimbutas, *Il Linguaggio della Dea*, Ed Venexia, 2008, pag. 321

indipendentemente dalle nostre storie personali. Sovrana è la nostra matrice di provenienza al di là delle appartenenze geografiche e sociali.

"Ciascuna donna è partecipe della sacralità di cui la Madre è il simbolo; (...) Ecco perché i *Tantra* considerano la donna l'incarnazione vivente della forza universale, la più sacra tra le cose sacre[45]".

---

[45] Erich. Neumann, Karl Kerenyi, Daisetz .T. Suzuki, Giuseppe Tucci, *La Terra. Madre e Dea. Sacralità della natura che ci fa vivere*, Ed. Red, 1989, pag. 175.

Bibliografia

- Diamond J., *Armi, acciaio e malattie. Breve storia del mondo negli ultimi tredicimila anni*, Ed. Einaudi 2006

- Graves R., *La Dea Bianca*, Ed Adelphi, 2009

- Frazer J. G., *Il ramo d'oro. Studio sulla magia e la religione*, Vol. II, Ed. Boringhieri, 1978

- Gimbutas M., *Il linguaggio della Dea*, Venexia Copyright, 2008

- Neumann E., Kerenyi K., Suzuki D.T., Tucci G., *La Terra. Madre e Dea. Sacralità della natura che ci fa vivere*, Ed. Red, 1989

- Noble V., *Il risveglio della Dea*, Ed. Tea, 2010

- Pinkola Estés C., *Donne che corrono coi lupi*, Ed. Frassinelli, 2009

- Pinkola Estés C., *Storie di donne selvagge*, Ed. Frassinelli, 2008

- Propp V.J., *Morfologia della fiaba. Le radici storiche dei racconti di magia*, Ed. Grandi Tascabili Economici Newton, 2006

- Saktisamgana Tantra, Vol II

- Sun Tzu, *L'arte della Guerra*, Ed. oscar Mondadori,, 2003

- Wishart C., *Giovani dee*, Macro Edizioni, 2004

- Von Franz M., *Il femminile nella fiaba*, Universale Bollari Boringhieri, 2009

Note sull'autrice

Simona Vitale è dottore di ricerca in Sociologia e Ricerca Sociale. Docente di Sociologia dei processi culturali e comunicativi presso l'Università di Napoli. E'Giornalista pubblicista, esperta di PNL e di comunicazione strategica.
Tra gli altri volumi ha pubblicato: "Dipingi la tua Vita con la legge dell'Attrazione" ; "La legge dell'Attrazione e le scienze sociali; "Feng Shui Mon Amour. Trucchi per migliorare e armonizzare la casa e il lavoro".

Per restare aggiornata sul **Movimento della Dea** e su come riappropriarsi del potere femmineo, iscriviti qui:

http://www.simonavitale.com/

oppure scrivimi una mail all'indirizzo:

info@simonavitale.com

Grazie per aver condiviso
il tuo tempo con me
in questa lettura
Simona Vitale